EXTRAIT DU *JOURNAL OFFICIEL*
Des 24 et 26 Mai 1888

RAPPORT

ADRESSÉ

AU MINISTRE DE LA MARINE ET DES COLONIES

PAR LA

COMMISSION D'ENQUÊTE

SUR

L'INDUSTRIE HARENGUIÈRE

PARIS
IMPRIMERIE DES JOURNAUX OFFICIELS
31, QUAI VOLTAIRE, 31

1888

EXTRAIT DU *JOURNAL OFFICIEL*
Des 24 et 26 Mai 1888

RAPPORT

ADRESSÉ

AU MINISTRE DE LA MARINE ET DES COLONIES

PAR LA

COMMISSION D'ENQUÊTE

SUR

L'INDUSTRIE HARENGUIÈRE

PARIS
IMPRIMERIE DES JOURNAUX OFFICIELS
31, QUAI VOLTAIRE, 31

1888

EXTRAIT DU *JOURNAL OFFICIEL*
des 24 et 26 Mai 1888

RAPPORT

ADRESSÉ

AU MINISTRE DE LA MARINE ET DES COLONIES

PAR LA

COMMISSION D'ENQUÊTE

SUR

L'INDUSTRIE HARENGUIÈRE

Paris, le 11 mai 1888.

Monsieur le Ministre,

Une pétition signée par un grand nombre de pêcheurs et d'armateurs du littoral nord, pétition pleine de prévisions alarmantes pour l'avenir de l'industrie harenguière et pour celui de notre marine, un commencement de grève des marins de Boulogne qui vivent en grande partie de la pêche du hareng et se plaignent de l'insuffisance de leurs salaires, des dissentiments survenus entre les armateurs de ce port et l'autorité maritime, d'autres incidents encore qu'il serait trop long d'énumérer ici, vous ont paru les indices d'une situation assez grave pour mériter l'attention toute spéciale du département de la Marine. Vous avez jugé qu'il importait de connaître promptement et avec le plus d'exactitude possible le degré de gravité de cette situation, d'examiner les causes qui l'avaient produite, de rechercher enfin les remèdes qu'il convenait d'y apporter.

La Commission (1) que vous avez chargée d'étudier à Boulogne les questions soulevées par l'état de souffrance de l'industrie harenguière a l'honneur de vous soumettre aujourd'hui, avec les procès-verbaux de sa longue et consciencieuse enquête, le rapport qui résume les enseignements de cette enquête et en dégage les conclusions.

Le produit. — Son abondance naturelle. — Les moyens de capture. — Disproportion entre ces moyens de capture et la consommation.

Le hareng ne diminue pas. Son abondance est telle qu'en supposant les moyens de capture perfectionnés encore et augmentés dans de

---

(1) Cette commission était composée de MM. Gerville-Réache, député, président; Fournier, conseiller d'État, directeur au ministère de la marine; de Bernardières, capitaine de frégate, commandant de la station de la mer du Nord; Gestin, commissaire-adjoint de la marine, commissaire de l'inscription maritime à Boulogne.

fortes proportions, cette abondance resterait la même. Des années plus ou moins fructueuses sous le rapport de la quantité des produits pêchés résultent tantôt de déplacements dans la marche des bancs de poisson, déplacements qui déroutent les recherches des pêcheurs, tantôt de mauvais temps dont la persistance est peu favorable aux opérations de pêche. Mais le produit est inépuisable, constatation rassurante, puisque le problème à résoudre se borne à la recherche des moyens d'en tirer parti.

L'outillage dont disposent les pêcheurs français est aussi parfait que possible et les flottilles de pêche étrangères n'ont à cet égard aucune supériorité. Cette perfection jointe au développement donné aux armements est incontestablement une des causes de la crise actuelle. Avec le très louable désir de tenir tête à la concurrence étrangère, le port de Boulogne a augmenté le tonnage de ses bateaux, le nombre de ses filets, adopté pour la manœuvre de ses cabestans les appareils à vapeur, mais trop hâtivement peut-être et sans avoir préalablement pris le soin (étant donnée l'introduction toujours croissante des produits de la pêche anglaise) de s'assurer des débouchés suffisants. De là, sur les marchés, une surabondance fâcheuse de produits, l'avilissement des prix et les embarras qui en sont la suite. On aura plusieurs fois, dans le présent rapport, l'occasion de revenir sur cette question.

Le personnel chargé de la pêche.

Le personnel des marins employés à la pêche dans le quartier de Boulogne serait insuffisant comme nombre si la consommation augmentait et si la pêche française était sérieusement protégée contre la concurrence étrangère. Il est aujourd'hui sensiblement supérieur aux besoins, et une centaine d'hommes du port de Boulogne restent momentanément sans emploi. On ne constate pas encore, dans ce quartier, une diminution importante du nombre des inscrits maritimes ; mais un fait dont on ne peut malheureusement contester la réalité, c'est le découragement des marins pères de famille. L'ingratitude actuelle de leur profession les pousse à chercher pour leurs enfants une carrière moins pénible et plus rémunératrice, et, fait non moins grave à noter, l'instruction mise à la portée de tous, cette instruction qui, avec une industrie prospère, devait contribuer à augmenter la valeur du marin, à l'intéresser davantage au côté commercial de ses entreprises, à en faire un homme d'élite attaché à sa profession, cette instruction ne sert aujourd'hui qu'à faciliter la désertion du métier de la mer en ouvrant d'autres perspectives aux enfants des inscrits.

Comme qualité, le personnel des pêcheurs de Boulogne présente encore un grand nombre d'hommes vaillants et depuis longtemps rompus aux fatigues du métier. Cependant, aux yeux de tous, il y a décadence au point de vue moral et professionnel dans la catégorie des hommes relativement jeunes qui n'ont pas été élevés dans les habitudes de la navigation à la part et se sont faits à celles de la navigation au mois. Cette décadence vaut la peine qu'on s'y arrête et qu'on apprécie ses causes ; aussi la Commission a-t-elle montré la plus grande sollicitude dans l'examen des questions intéressant les différents modes d'engagement.

Modes d'engagement. — Navigation à la part. — Navigation au mois.

Aux termes de l'article 8, paragraphe 4 du décret-loi du 28 mars 1852 qui réglementait et réglemente encore, pour les dispositions non abrogées, la pêche du hareng et du maquereau avec salaison à bord, les engagements doivent être faits à la part sous peine de refus de l'immunité des droits. Cette disposition n'a jamais été abrogée et se trouve reproduite en tête du nouveau livret de pêche mis en usage par le décret du 12 juillet 1878. Dans l'esprit du législateur, cette disposition combinée avec celle qui prescrivait le règlement des comptes au bureau de la marine avait pour but principal d'empêcher l'achat du poisson étranger ; mais, outre qu'elle garantissait la sincérité des opérations de pêche, elle présentait l'avantage d'intéresser les hommes au succès de ces opérations, d'en faire les associés d'une même entreprise et de laisser à tous l'espoir d'acquérir, à la fin d'une existence de privations et de fatigues, une certaine somme de bien-être et de jouir de quelques années de repos.

Chez tous, chez les armateurs comme chez les marins (chez les marins surtout), le mot de « navigation à la part » évoque le souvenir du temps encore assez rapproché où la marine de Boulogne était florissante ; où chaque homme, propriétaire d'un ou de plusieurs lots de filets, trouvait dans la pêche les moyens de vivre et d'élever honorablement sa famille ; où cette famille elle-même attachée au foyer concourait, par l'entretien des filets, à la réussite des opérations de pêche ; où la solidarité existait entre toutes ces familles au point que la veuve ou les orphelins des pêcheurs trouvaient, dans le travail gratuit de parents qui faisaient valoir les filets laissés par le mari des ressources suffisantes pour la dispenser de recourir aux secours de l'Etat ou à la charité publique ; où, comme au Portel, la communauté s'imposait sur les produits de la pêche pour construire ses écoles et ses églises, etc.

En d'autres termes, la navigation à la part était plus belle économiquement, plus vraiment démocratique, plus moralisatrice, en ce qu'elle intéressait directement tous les agents, toutes les familles, excitait toutes les initiatives, tous les efforts, toutes les forces physiques et morales de la population coopérante et répartissait en un grand nombre de mains un capital qui tend de plus en plus à se concentrer et à se séparer de l'élément main-d'œuvre ; en ce qu'elle laissait vivre à côté d'elle, et dans des conditions à peu près identiques, les industries accessoires de la pêche, industries qui tombent elles-mêmes chaque jour et deviennent des annexes des ateliers de l'armement.

Avec la navigation au mois, l'homme dépossédé de l'instrument de travail, réduit à un salaire à peine suffisant qui peut baisser encore, souffre dans son bien-être comme dans sa dignité. Il n'apporte plus à sa profession le même goût. Son foyer n'est plus l'asile du travail en commun, et tandis qu'il est plus disposé à prendre dans ses séjours à terre des habitudes de paresse, de jeu et de cabaret, sa femme et sa fille, employées dans les ateliers, y contractent quelquefois le goût de la dissipation et des distractions coûteuses, ce qui fait craindre pour l'avenir un affaiblissement de l'esprit de famille et de la moralité.

Comment ce mode d'engagement à la part, le seul favorisé par la loi, le seul permis pour ainsi dire, puisque l'application du paragraphe 4 de l'article 8 cité plus haut équivalait à une prohibition, comment ce genre d'engagement a-t-il pu être abandonné pour faire place à la navigation au mois? Comment la tradition s'est-elle brisée et la situation est-elle devenue telle que l'Etat se voit contraint de suspendre l'application de la loi en attendant qu'il l'abroge, sous peine de nuire à ces hommes qu'il a la mission de protéger?

Il semble résulter d'une enquête approfondie que la navigation au mois ne s'est substituée que lentement à la navigation à la part. Son apparition a dû coïncider avec celle de bateaux munis d'appareils à vapeur sur lesquels le mécanicien n'ayant pas de lot de filets a été embarqué au mois. D'autres embarquements isolés, mais de moins en moins rares, ont été effectués aux mêmes conditions, dans les moments de presse, quand on embarquait des marins étrangers au quartier, même des marins de nationalité étrangère. A la longue, l'engagement au mois a prévalu pour presque tous les bateaux appartenant aux armateurs. On peut très aisément admettre d'ailleurs qu'à la suite de la subite multiplication des moyens de pêche, de l'introduction trop brusque de perfectionnements dans ces mêmes moyens, il se soit produit à Boulogne un moment de désarroi, pendant lequel la production étant venue à dépasser la consommation, armateurs et marins se sont trouvés dans de lourds embarras et ont été, de part et d'autre, bien aises, les armateurs de renoncer à un mode d'arrangement qui les laissait pour de fortes sommes, en fin de campagne, créanciers de marins peu solvables, les marins fort heureux de trouver des gains mensuels assurés, sans avoir à se soucier de l'aléa des opérations de l'armement. La question d'origine du changement est du reste secondaire. La seule importante à résoudre est de savoir s'il est possible ou non de revenir à l'application de la loi.

Sans contester les beaux côtés de la navigation à la part, les armateurs de Boulogne sont, pour la majeure partie, peu disposés à y revenir. La principale raison de leur répugnance est celle qu'on vient de laisser entrevoir, c'est-à-dire que dans les années où la vente est mauvaise, ils restent à découvert pour de fortes sommes qu'ils chercheraient inutilement à se faire rembourser par les marins. Ils prétendent encore que les hommes sont eux-mêmes peu disposés à revenir à l'ancienne coutume, ce dont la commission ne peut s'assurer, les marins naviguant au mois étant actuellement à la pêche d'Irlande. Dans l'état présent de l'industrie harenguière, disent les armateurs, le pêcheur payé sur le pied de 80 fr. par mois, nourri par l'armement, ayant sa femme et ses filles employées dans les ateliers de cet armement, se trouve en meilleure situation que l'homme naviguant à la part. Mis, du reste, récemment en demeure d'opter, les marins ont choisi le mois.

Il est vrai que, n'ayant plus de lots de filets, ces hommes n'eussent eu droit qu'à la demi-part, ce qui les eût placés dans une situation complète d'infériorité. Ces mêmes armateurs reconnaissent que les salaires des hommes sont peu élevés, mais cela tient à ce qu'eux-mêmes ne font pas d'affaires brillantes en raison de la concurrence étrangère, de l'absence de débouchés suffisants et des difficultés qu'ils rencontrent dans les transports du produit par les chemins de fer. Si cette concurrence était atténuée et si la commodité des transports facilitait la pénétration des produits dans le centre de la France, les bénéfices de l'armateur augmenteraient et avec eux les salaires du marin. Enfin les armateurs font ressortir que le mode d'engagement à la part se concilie difficilement aussi bien avec les armements coûteux et perfectionnés d'aujourd'hui qu'avec certaines entreprises accessoires à la pêche, qui nécessitent le risque de capitaux considérables. Ils citent comme exemple l'expérience en cours des chasseurs à vapeur étrangers, expérience dans laquelle quatre ou cinq armateurs de Boulogne ont engagé 200,000 francs.

Il faut le dire, au reste, les armateurs dissidents, les anciens patrons et ceux des marins présents qui continuent à naviguer à la part, reconnaissent que dans l'état actuel de la pêche les hommes engagés suivant l'ancienne coutume et dans les conditions approuvées par la loi, n'ont pas, pécuniairement parlant, une situation meilleure que ceux naviguant au mois; mais cet état de souffrance de la pêche, ils en attribuent la responsabilité à ceux des armateurs de Boulogne qui, en exagérant les moyens de production sans s'être préalablement assurés d'une consommation proportionnelle, auraient amené l'avilissement des produits, la ruine de la pêche et pour eux-mêmes, armateurs, la situation gênée dont ils se plaignent aujourd'hui. Des bateaux d'un tonnage trop élevé, des filets employés en nombre trop considérable, l'illimitation dans les dates des départs, le marché livré aux commerçants dont les bateaux naviguent au mois, telles sont les causes qui, disent-ils, ont créé l'état précaire de la navigation à la part sans faire, du reste, la fortune de l'autre genre de navigation.

Les partisans de cette thèse se montrent sceptiques à l'endroit des bons effets à attendre de ce que certains armateurs appellent grandes opérations et grandes entreprises. Si elles réussissent, disent-ils, elles feront la fortune de quelques-uns au détriment de tous. Si elles échouent, elles achèveront la ruine générale qui durera jusqu'au moment où la pêche, revenue à son ancienne organisation, reprendra son train plus modeste mais plus sûr d'autrefois.

Quant aux hommes qui, malgré l'état précaire auquel ils sont réduits, continuent à naviguer à la part, ce n'est pas en vue d'un gain plus élevé, mais par dignité, par orgueil, comme le dit l'un d'eux, pour conserver avec leurs filets un reste d'indépendance, et aussi pour ne pas se trouver dépourvus le jour où les hommes naviguant au mois seront peut-être sans emploi.

Ils estiment cependant que, dans l'état actuel des choses, il est impossible, sans nuire aux intérêts des marins qui naviguent au mois, d'en revenir à l'application du paragraphe 4 de l'article 8 du décret-loi du 28 mars 1852 et ils se prononcent, quoique à regret, pour la liberté absolue des modes d'engagement.

Dans la délibération qui a suivi l'enquête, la commission a également reconnu l'impossibilité de revenir à l'application de l'ancienne disposition. Elle est donc d'avis que l'abrogation en soit prononcée, mais de manifester, en même temps, par des encouragements officiels donnés à la navigation à la part, la prédilection du département de la marine pour un mode d'engagement dont les avantages ont été indiqués plus haut. Elle espère que ces encouragements, joints aux efforts des initiatives privées, auront pour résultat d'amener insensiblement une réaction favorable, dont les armateurs comme les marins n'auront qu'à se féliciter. Le département de la marine trouvera peut-être dans le legs de M. Giffard les ressources nécessaires aux encouragements dont on vient de parler, ressources qui ne sauraient s'appliquer à une classe de gens plus méritante et à un intérêt d'ordre social plus élevé.

La question de l'engagement à salaire fixe avec participation aux bénéfices a été aussi examinée. Quelques armateurs doutent que les hommes naviguant actuellement au mois acceptent une combinaison de ce genre, dans la crainte que le gain à revenir de la participation ne compense pas la diminution de leurs salaires. D'autres croient possibles des arrangements de cette nature et se proposent d'en faire l'essai.

La Commission ne peut que souhaiter la réussite de toute combinaison dont l'effet serait d'intéresser les hommes aux opérations de pêche.

Conditions spéciales d'engagement.

Les conditions d'engagement à la part soulèvent rarement des difficultés. Ces conditions résultent d'une entente commune entre les associés quant aux risques à courir et aux gains à partager. Les démêlés sont rares, d'un arrangement facile, et l'administration ne peut, à ce point de vue, que faire l'éloge de ce genre de navigation.

Les conditions d'engagement au mois ont été récemment la cause de différends entre les armateurs d'une part, les marins et l'administration de la marine de Boulogne de l'autre. Cependant les principes de droit et d'équité défendus par cette administration ont prévalu dans les conditions nouvelles, et il n'y a désormais de possibles que des difficultés d'application. Aucune de ces difficultés n'est de nature à entraîner des désordres ou des dommages. Elles sont de celles que l'administration supérieure de la marine et, en dernier ressort, les tribunaux de commerce sont appelés à trancher. La question de quotité des salaires est la seule qui puisse, comme on l'a vu au mois de mars dernier, provoquer des conflits ayant un caractère aigu. Mais l'administration de la marine n'a pas le pouvoir de la régler, et sa vraie solution ne peut sortir que d'un relèvement général de la pêche et de l'industrie harenguière, relèvement qui, en améliorant la position de tous, fera cesser, dans les rapports des intéressés, la tension qui s'y est manifestée récemment.

Fixation d'une époque de départ pour la pêche du hareng. — Pétitions des pêcheurs du littoral Nord.

Un grand nombre de pêcheurs du littoral compris entre Dunkerque et Fécamp ont adressé au ministre de la marine une pétition ayant pour objet d'obtenir que le prime départ des ports du Nord pour la pêche d'Ecosse ne pût avoir lieu avant le 25 juillet.

Cette pétition fait peser sur les inconvénients des départs prématurés la responsabilité de la crise que traverse actuellement l'industrie harenguière. Il semble, de prime abord, que les départs prématurés étant, de l'avis presque général, nuisibles à la prospérité de l'industrie en cause, une entente entre les intéressés suffirait pour y remédier. Les armateurs, en effet, comme les pêcheurs, sont, à de rares exceptions près, d'accord pour reconnaître le dommage causé par la première pêche qui encombre le marché de harengs huileux, de mauvaise qualité, lasse promptement le consommateur et compromet, sans donner elle-même de bénéfices, la vente du poisson pêché dans de bonnes conditions. Mais si la prohibition n'est pas complète, officielle, il suffira qu'un bateau parte en juin pour que les autres le suivent, cette première opération dût-elle être ruineuse pour tous, sauf pour les deux ou trois premiers bateaux rapportant du hareng de primeur. Aux yeux des patrons et des marins surtout, c'est affaire d'amour-propre, une sorte de point d'honneur. Ils le déclarent franchement.

Les informations de l'enquête ayant très clairement établi que le hareng de prime saison pêché dans les parages des Shetland ou des Orcades est un poisson de conservation difficile; que, transporté trop tôt sur nos marchés, la consommation n'en réclame qu'une quantité minime, ce qui force à livrer à l'agriculture comme engrais la plus grande partie du produit pêché; que ce produit, tout en donnant satisfaction aux premiers besoins, éloigne ensuite le consommateur et rend moins facile et moins fructueuse la vente des produits des pêches plus tardives, la Commission pense qu'il y a lieu de donner satisfaction au vœu exprimé par le plus grand nombre, mais pour cette année seulement et à titre d'expérience.

Si inférieur, en effet, que soit le hareng de prime saison, il ne l'est pas à ce point qu'on ne pût en trouver le débit si la consommation française augmentait plus tard par suite de la disparition de la concurrence étrangère et des facilités plus grandes de transport. Ce hareng n'est pas malsain ; trié et caqué en mer immédiatement après sa capture, préparé avec des sels du Midi, il peut se conserver pendant trois mois, et la délicatesse de sa chair est peut-être supérieure à celle des produits pêchés plus tard. Dans ces conditions, il est inutile d'engager l'avenir, et une mesure provisoire paraît devoir suffire, sauf à en renouveler, s'il y a lieu, l'application.

D'ailleurs, le provisoire s'impose. Si, comme l'attestent le plus grand nombre des déposants, l'imprévu de la mesure défend, cette année, notre marché contre la concurrence étrangère, il n'en serait pas ainsi l'année prochaine, et l'adoption de cette même mesure ne serait possible que si un arrangement international rendait la prohibition commune aux pêcheurs de tous les pays intéressés. La restriction sera bien entendu inutile du jour où, par le relèvement des droits protecteurs, le marché français sera rendu moins accessible aux produits étrangers.

Sur la question des mesures à prendre pour rendre effective la prohibition des départs avant le 25 juillet, armateurs et patrons sont d'accord pour dire qu'il ne suffirait pas d'une mesure analogue à celle que présentait la loi du 28 mars 1852, c'est-à-dire de refuser l'immunité des droits à tout hareng rapporté avant les dix ou quinze premiers jours du mois d'août. Les bateaux partiraient quand même, disent-ils, avant le 25 juillet, pêcheraient du poisson de prime saison, puis viendraient croiser devant les ports jusqu'au jour où l'entrée serait permise. L'invasion prématurée du marché par un produit inférieur, c'est-à-dire la pratique qu'on veut proscrire, ne serait pas ainsi évitée. Il faut, de l'aveu de tous, une mesure qui empêche effectivement le départ avant le 25 juillet, un visa, par exemple, de la marine sur le rôle d'équipage et le livret de pêche à la date du 24 juillet, avec refus de l'immunité des droits à tout bateau rapportant une première fois du hareng sans avoir accompli cette formalité. De même qu'ils affirment qu'il n'y a rien à redouter cette année de la concurrence étrangère avant le 25 juillet, les armateurs déclarent qu'il n'y aura pas de chômage pour les marins pendant l'intervalle qui séparera la pêche au maquereau de la première pêche au hareng.

La Commission prend acte de cette déclaration et accepte la manière de voir des intéressés sur es conditions dans lesquelles doit s'exercer la prohibition.

Bâtiments chasseurs étrangers. — Bâtiments chasseurs français.

L'expérience faite avec des bâtiments étrangers, expérience autorisée par une dépêche ministérielle du 14 janvier 1888, n'est pas encore terminée. Mais elle a soulevé trop de récriminations sur divers points de la côte pour qu'on puisse la renouveler sans imprudence. La Commission exprime l'avis qu'aucun essai de ce genre ne soit à l'avenir autorisé.

La chasse faite par des bâtiments français, surtout par des bâtiments à vapeur opérant pour quelques commerçants et non pour tous les bateaux en pêche, offre, au point de vue de la navigation à la part principalement, des dangers qui ont été signalés à la Commission et dont elle se rend bien compte. Mais il lui paraît impossible d'apporter des entraves à la liberté de tous et elle ne peut qu'engager les marins naviguant à la part à se syndiquer pour avoir au besoin des chasseurs à vapeur à leur disposition.

Port de Boulogne.

L'attention de la Commission a été appelée sur les inconvénients que présente pour les mouvements des bateaux de pêche l'état actuel du port d'échouage de Boulogne. Creusé dans la partie ouest pour favoriser l'arrivage à toute heure de marée des paquebots de Folkestone, il cause parfois des avaries aux bateaux et bâtiments qui s'échouent sur les bords presque à pic de ce chenal artificiel. Au point de vue d'une plus longue conservation des bateaux de pêche, il importe aussi que ces derniers soient toujours à flot dans le port où ils s'abritent. Il est enfin à désirer que l'établissement d'un quai commode pour le déchargement du poisson leur permette de profiter du départ de tous les trains.

Un projet existe pour l'approfondissement du port dans toutes ses parties. Il ne reste qu'à appeler l'attention de M. le ministre des travaux publics sur la nécessité de mener ces travaux à bonne fin aussi promptement que le lui permettront les ressources de son budget, et dans des conditions de nature à donner satisfaction au vœu exprimé ci-dessus.

Convention de la Haye.

Les stipulations de la convention de la Haye n'ont soulevé aucune plainte ni même aucune observation de la part des armateurs et pêcheurs de Boulogne, qui n'y voient avec raison que l'organisation d'une police maritime établie dans l'intérêt de tous.

Ils désirent que cette convention soit maintenue.

Préparations du hareng. — Produits frais. — Produits salés et conservés. — Consommation. — Transports. — Breuils et déchets.

Après les dépositions faites par les divers intéressés devant la Commission d'enquête, on peut affirmer que l'industrie de Boulogne est en mesure de donner aux différents modes de préparation du hareng toutes les améliorations qu'ils comportent. La capacité des industriels qui s'occupent de ces préparations est remarquable et leur initiative ne demande qu'à être encouragée par la perspective du succès. Or, ce succès n'est pas douteux si, par suite d'une protection spéciale accordée à la pêche et de facilités données pour les transports du produit, l'importance de la consommation française augmente. Si la marque de Boulogne n'est plus, aujourd'hui comme autrefois, la première, cela tient moins au défaut d'intelligence et de soin des industriels boulonnais qu'à la pression d'une concurrence venue du dehors, concurrence qui les force à se préoccuper plutôt de la quantité que de la qualité des produits.

Un fait très important d'ailleurs à constater, c'est que la consommation tend sensiblement à se détourner des produits salés pour se reporter sur les produits frais conservés dans la glace. Il est donc essentiel que ce goût nouveau des consommateurs soit satisfait et, pour qu'il le soit, il est indispensable que le produit puisse être mis avec promptitude à la disposition de l'acheteur. Or, les tarifs d'expédition par grande vitesse de la compagnie du Nord ont été jusqu'à présent fort élevés, les facilités pour l'expédition très restreintes, et, de plus, on n'est pas encore arrivé, entre cette compagnie et celles de l'Est, de Paris-Lyon-Méditerranée et d'Orléans, à une entente qui permît de faire circuler le poisson frais sur toutes ces lignes avec la même rapidité que le voyageur. Si ces obstacles étaient écartés, le poisson conservé en glace ne serait pas seul à bénéficier des changements. Certaines préparations du hareng fort en usage en Angleterre (1), bien supérieures comme délicatesse au hareng salé et au hareng saur, pourraient entrer dans la consommation journalière des classes aisées en France. Ces préparations ne conservent le poisson que pendant huit à dix jours, d'où la nécessité d'un transport rapide sur les lieux où il doit être consommé.

Aux yeux de tous sans exception et dans l'opinion de la Commission tout entière, il est donc de la plus haute importance que l'attention des compagnies de chemins de fer en cause soit appelée, au nom de l'intérêt de la pêche française, au nom de l'intérêt général du pays, sur la nécessité d'accorder aux transports en grande vitesse des produits français toutes les facilités de rapide circulation possibles, et par l'abaissement des tarifs de transports, et par la mise à la disposition des expéditeurs de tous les moyens propres à assurer les bonnes conditions d'envoi, et par l'établissement de concordances fréquentes entre l'arrivée des trains de marée à Paris et le départ de ceux destinés à la faire pénétrer le plus loin possible dans les

---

(1) Bloaters et Kippers, harengs très légèrement salés et fumés.

différents centres. Au reste, les compagnies elles-mêmes ne peuvent tarder à trouver la rémunération des sacrifices et des efforts qu'elles auraient faits dans ce sens, la multiplicité des envois étant naturellement appelée à compenser l'abaissement des tarifs et l'augmentation des frais d'exploitation.

Sur l'observation de quelques armateurs, la Commission pense qu'il y aurait lieu de faire également appel aux municipalités de certaines villes dont les droits d'octroi paraissent trop élevés pour les produits de pêche.

Comme on l'a dit plus haut, le hareng salé de Boulogne ne jouit plus de la renommée qu'il avait autrefois. Les armateurs, qui sont en même temps saleurs, disent qu'ils sont obligés de se prêter au goût de leur clientèle qui préfère, affirment-ils, le hareng simplement braillé au hareng caqué. Quelques armateurs, et plusieurs patrons attribuent l'infériorité ac-actuelle non seulement à l'abandon du caquage à la mer, mais encore à la façon dont la pêche est pratiquée aujourd'hui. Le nombre des filets employés est, disent-ils, trop grand. On en embarque aujourd'hui 250, alors que 150 et même moins suffiraient. Or, il est évident qu'avant la rentrée à bord d'une tessure aussi étendue, le poisson est déjà mort en partie; détrempé par l'eau de mer et a perdu ses meilleures qualités. L'abondance du poisson capturé avec 250 filets est également cause qu'on a renoncé au caquage à la mer, c'est-à-dire au meilleur procédé de préparation du hareng.

C'est à peine si on prend aujourd'hui le temps

de démailler le poisson au fur et à mesure de la rentrée des filets à bord.

Foulé aux pieds des pêcheurs et traité sans aucun des soins qu'il exige, ce n'est plus qu'un produit inférieur à ceux obtenus par les harenguiers des autres nations, ce qui explique le peu de succès obtenu par le hareng français sur les marchés étrangers.

La Commission ne pense pas qu'il lui appartienne d'entrer dans l'examen approfondi de questions de cet ordre. Elle suppose l'intérêt commercial assez intelligent pour comprendre combien la réussite dépend du soin avec lequel est servie une clientèle qui ne tarde pas à s'éloigner si elle trouve des mécomptes. C'est à cet intérêt qu'il faut s'en rapporter pour le choix des moyens. La Commission a, du reste, comme on l'a dit précédemment, la plus grande confiance dans l'initiative et dans l'intelligence des préparateurs boulonnais, et c'est avec plaisir qu'elle a constaté que des essais sont actuellement tentés dans cette ville pour perfectionner le saurissage du hareng et pour l'utiliser comme conserve. Elle espère que des efforts aussi persévérants seront couronnés de succès.

Avec une compétence à laquelle la commission se plaît à rendre hommage, M. le docteur Sauvage, directeur de la station aquicole de Boulogne, au cours de sa remarquable déposition, a fait connaître où en est aujourd'hui la question d'utilisation des déchets provenant de la pêche du hareng. Jusqu'à présent ces déchets ont été livrés à l'agriculture comme engrais pour des prix dérisoires. Par la dessication, la pulvérisation du produit et son mélange avec le phosphate de chaux, le docteur Sauvage est parvenu à en faire une substance fertilisante d'une grande puissance et dont le prix de revient sera peu élevé. Ses essais lui paraissent aujourd'hui concluants, ce qui ne l'empêche pas d'expérimenter aussi un procédé dont on se sert déjà en Angleterre. On ne peut qu'encourager M. le directeur de la station aquicole dans des recherches qui auront certainement des conséquences précieuses pour l'industrie harenguière et pour l'agriculture.

Concurrence étrangère.— Droits du tarif général.

On a fait ressortir plus haut la tendance toujours croissante de la consommation à préférer le poisson frais ou conservé en glace au poisson salé, fumé ou préparé en boites. Il en résulte que les tarifs des 31 octobre et 19 décembre 1881, qui frappent seulement d'un droit de 5 fr. les 100 kilos le poisson frais et de 10 fr. les 100 kilos de poisson salé, ne correspondent plus à une situation économique qui se modifie de jour en jour dans un sens de plus en plus défavorable à la pêche française. Ce droit de 5 fr. appliqué au poisson frais venu de l'étranger est insignifiant si l'on veut bien considérer que les Anglais, par exemple, pêchent sur leurs côtes avec un armement peu coûteux le poisson que le pêcheur français est, pendant presque toute l'année, obligé d'aller chercher au loin et à grands frais ; que tout est disposé, en Angleterre, pour favoriser le transport rapide et à bon marché du poisson sur les points de la côte d'où on l'expédie en France ; que les chemins de fer français accordent, prétend-ton, à ce poisson des avantages qui compensent pour ainsi dire le droit dont il est frappé. Quelle est la mesure du tort fait ainsi à la pêche française ? C'est ce qu'il ne serait possible de préciser qu'à l'aide de documents statistiques que la Commission ne possède pas. Mais le dommage est considérable et les membres de la chambre de commerce de Boulogne, les armateurs et les marins de ce port sont unanimes dans leurs plaintes à ce sujet. Sans doute, au point de vue de l'alimentation publique, on doit favoriser l'accès de nos marchés aux produits de toute provenance. Mais ce point de vue doit-il primer tous les autres ? Evidemment non. L'intérêt maritime, l'impérieuse nécessité de conserver au pays les éléments d'une force navale, telle est la préoccupation dont rien ne doit détourner. Le cabotage ruiné par la navigation à vapeur, le long cours diminué par la même cause, fournissent de moins en moins des matelots à notre marine. Les pêches de Terre-Neuve, d'Islande, n'en donnent qu'un nombre restreint. Seule, la pêche côtière est encore une pépinière féconde d'hommes de mer et, considération sur laquelle on ne saurait trop insister à une époque où les appels soudains sont possibles, où plus que jamais il importe qu'on y réponde sur-le-champ, ces hommes qui exercent le rude métier de la pêche sont les seuls qui soient toujours là, sous la main, prêts à marcher au premier cri d'alarme.

L'Etat peut-il laisser fondre cette avant-garde

toujours prête, qui est aussi le gros de l'armée, en y laissant s'introduire le découragement et la désertion ? Personne n'oserait soutenir l'affirmative.

Il est donc indispensable que la pêche fasse vivre celui qui l'exerce, qu'elle fasse vivre sa femme et ses enfants, que ces enfants eux-mêmes s'attachent, malgré ses fatigues et ses dangers, à la profession paternelle, avec le sentiment profond qu'ils sont, non pas seulement des travailleurs ordinaires, mais des hommes d'élite sur lesquels la France étend sa puissante et continuelle protection.

Or, de l'avis de tous, le relèvement des droits est le moyen le plus propre à faire cesser l'état de souffrance de la pêche, et la Commission n'a qu'un regret, c'est que les traités en vigueur ne permettent pas de procéder immédiatement à ce relèvement.

En résumé, monsieur le ministre, les conclusions de la Commission d'enquête réunie à Boulogne peuvent se formuler de la façon suivante :

1° Prohiber cette année les départs pour la pêche du hareng avant le 25 juillet, et négocier diplomatiquement pour que cette prohibition devienne internationale pendant les années suivantes, jusqu'au moment où la France, ayant les mains libres, pourra protéger son marché contre les produits étrangers ;

2° Abroger le paragraphe 4 de l'article 8 du décret-loi du 28 mars 1852, et en même temps que cette abrogation sera promulguée, faire connaître les encouragements que le départe-

— 28 —

ment de la marine doit donner à la navigation à la part. Utiliser dans ce sens les ressources offertes par le legs de M. Giffard;

3° Ne plus autoriser l'emploi comme chasseurs des bâtiments étrangers;

4° Hâter l'approfondissement du port d'échouage de Boulogne et son appropriation aux besoins de la pêche et des expéditions de produits;

5° Appeler l'attention des compagnies de chemin de fer sur la nécessité, dans l'intérêt général, de faciliter les transports en grande vitesse du poisson frais;

6° Demander pour le poisson de pêche française la réduction des droits d'octroi aux municipalités de certaines villes où ces droits paraissent trop élevés;

7° Se préoccuper en temps utile du relèvement des tarifs pour l'entrée en France des produits de pêche étrangère, relèvement qui, dans l'esprit de la Commission, doit porter à 15 fr. au minimum par 100 kilos les droits d'admission du poisson frais et du poisson salé.

Veuillez agréer, Monsieur le Ministre, etc., etc.

Les membres de la Commission
FOURNIER, DE BERNARDIÈRES,
GESTIN, *rapporteur*.

Le député président,
GERVILLE-RÉACHE.

Paris.—Imp. des *Journaux officiels*, quai Voltaire, 31.

www.ingramcontent.com/pod-product-compliance
Lightning Source LLC
Chambersburg PA
CBHW061011050426
42453CB00009B/1369